OS DINOSSAUROS PREPARAVAM NINHOS PARA DEPOSITAR SEUS OVOS.

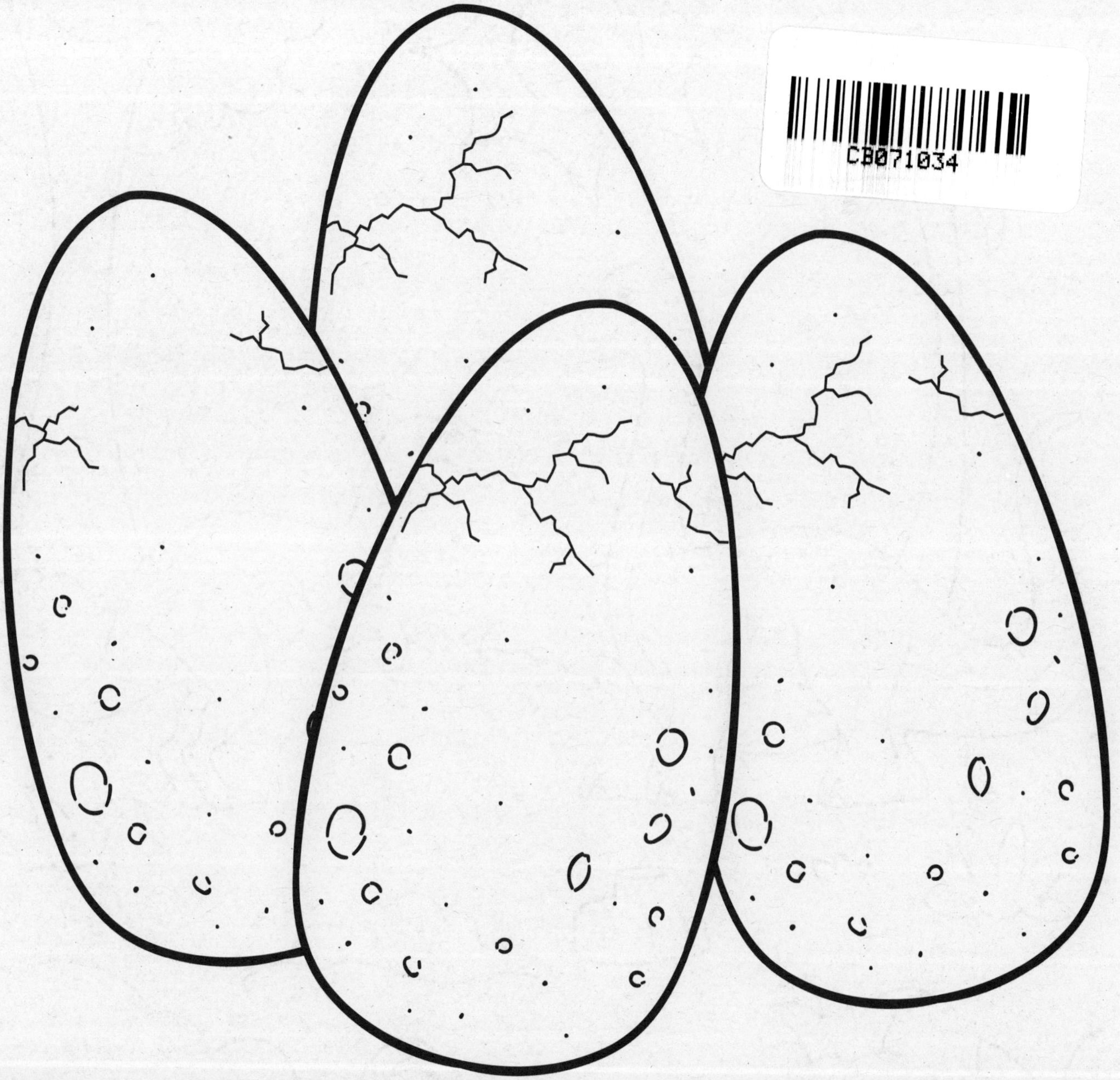

OS DINOSSAUROS ERAM CRIATURAS FASCINANTES.

O TRICERÁTOPO TINHA CHIFRES NA FACE, ASSIM COMO OS RINOCERONTES.

O DIPLODOCO TINHA O PESCOÇO BEM LONGO, ASSIM COMO AS GIRAFAS.

O TIRANOSSAURO REX ERA O MAIS TEMIDO DOS DINOSSAUROS.

VOCÊ SABIA QUE O PTERODÁCTILO, NA VERDADE, NÃO ERA UM DINOSSAURO?

OS MOSASSAUROS TAMBÉM NÃO ERAM DINOSSAUROS, MAS, COMO OS PTERODÁCTILOS, CONVIVERAM COM OS DINOS.

O PARASSAUROLOFO PODIA ANDAR SOBRE AS DUAS OU AS QUATRO PATAS.

ALGUMAS ESPÉCIES DE DINOSSAURO PODIAM CONVIVER PACIFICAMENTE.

ASSIM COMO O DIPLODOCO, O ULTRASSAURO TAMBÉM TINHA UM PESCOÇO BEM COMPRIDO.

AS TARTARUGAS CHEGARAM A CONVIVER COM OS DINOSSAUROS.

ALGUNS DINOSSAUROS TINHAM FORMAÇÕES ÓSSEAS VISÍVEIS PELO CORPO.

UM ASTEROIDE CAIU NA TERRA E LEVOU OS DINOSSAUROS À EXTINÇÃO.

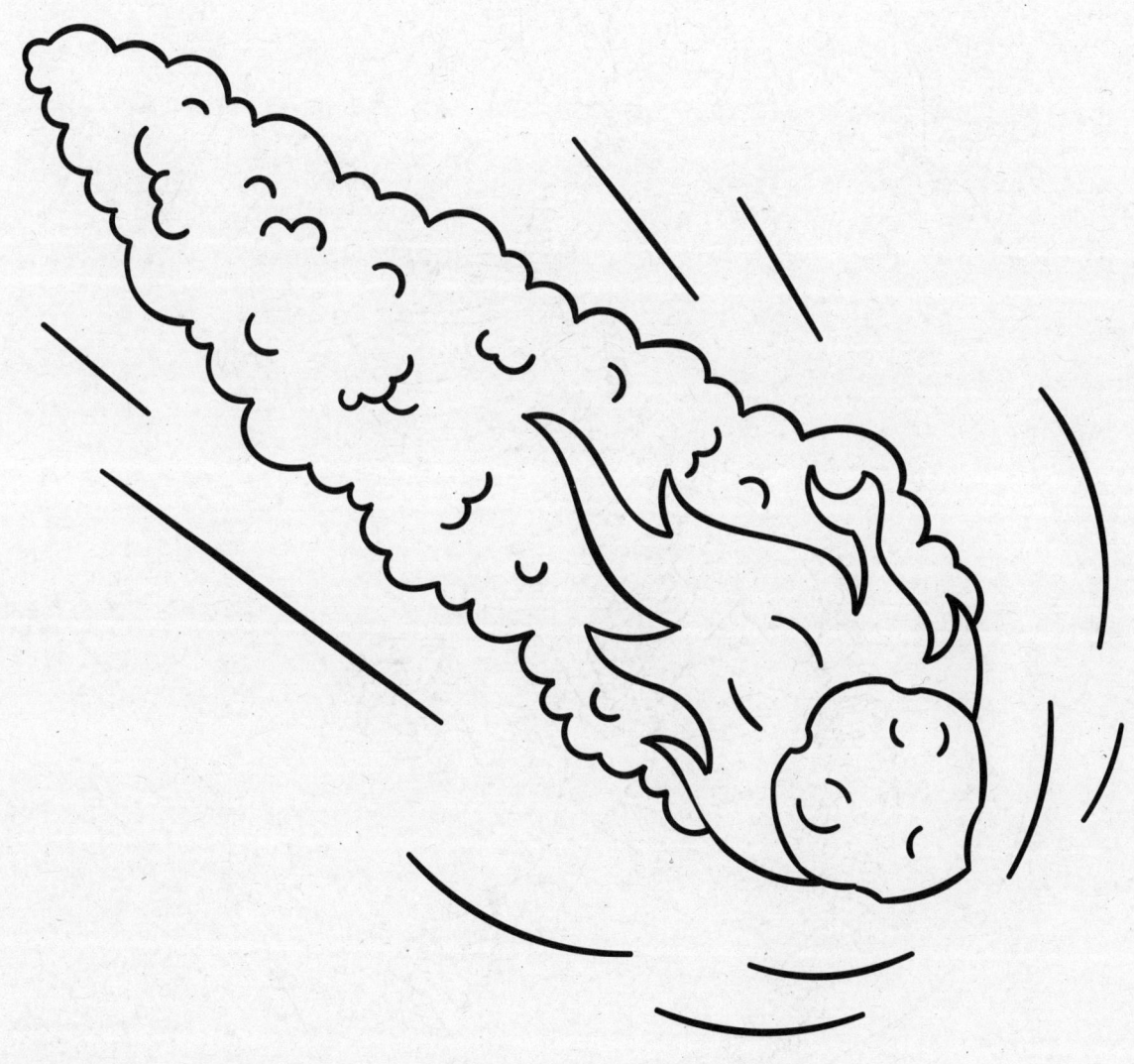

MILHÕES DE ANOS DEPOIS, AINDA É POSSÍVEL ENCONTRAR FÓSSEIS DE DINOSSAUROS EMBAIXO DA TERRA.

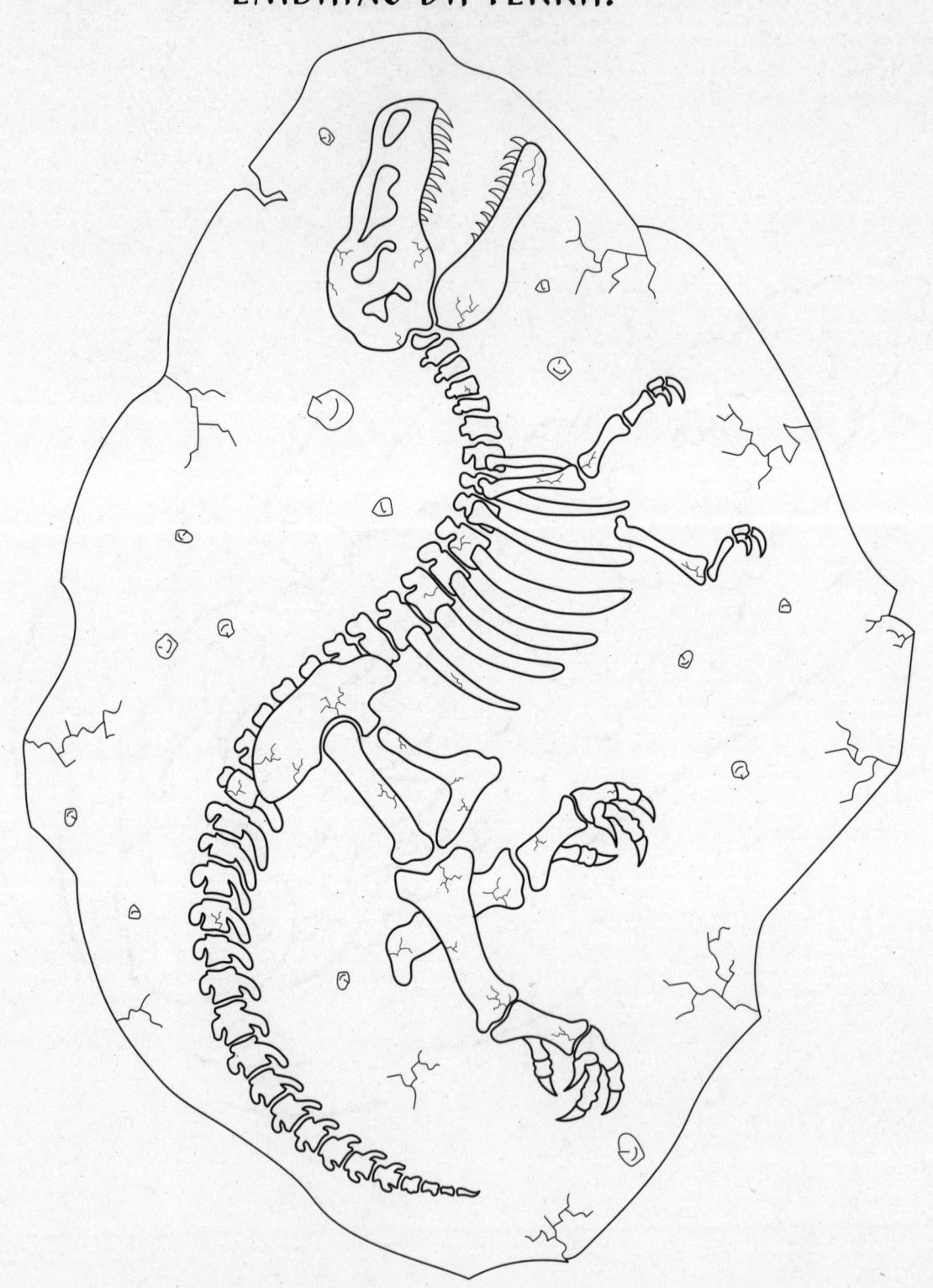

O PROFISSIONAL QUE BUSCA FÓSSEIS DOS DINOSSAUROS É O PALEONTÓLOGO.

É POSSÍVEL VER OS ESQUELETOS DOS DINOSSAUROS EM GRANDES MUSEUS DE HISTÓRIA NATURAL.